輝く保育者の
コミュニケーションスキル34

保育コミュニケーション協会代表
松原美里著

黎明書房

はじめに

保育のなかで、子どもと心を通い合わせたり、保護者と子育ての喜びを共有したり、保育者同士が互いに連携を図るためには、コミュニケーション力が必要です。

しかし、自分が正しいと思っているコミュニケーションの「あり方」や「常識」は、人によって異なります。なかには、知らず知らずのうちに誤解され、人間関係につまずいてしまう人もいます。

私自身も、新人、中堅、施設長を体験するなかで、子ども、保護者、先輩、上司、部下とのやりとりにおいてたくさんの失敗を重ねてきました。コーチングや心理学などを学ぶことで、よりよいコミュニケーションのあり方についての気づきが多くあり、今はその学びを保育者向けの体験型研修という形で各地で提供させていただいております。

保育・教育界は大きな転換期を迎えています。そのようななか、正解のない問いと向き合い、園としての答えを見つけていくための一助となるのがコミュニケーションです。しかし、日々忙しく、求められるものが多い保育現場では、コミュニケーション不足に陥りやすい現実もあります。

さらに、残念なコミュニケーションの積み重ねで、保育のやりがいを感じる前に現場を離れてしまう保育者も少なくありません。みなさん、思いがあって保育者になったはずなのに、もったいないですね。

本書は、コミュニケーションを入り口に人間関係力を高めることを目的としています。離職を減らし、大人同士が豊かなコミュニケーションをとり合う背中を見て、子どもが未来へと希望を描く——そんな豊かな循環を増やしていきたいと願っています。

経験豊富な保育者の方々にも、若手育成の手立てとしてお役に立てれば幸いです。

2019年6月

保育コミュニケーション協会代表　松原美里

目次

第2章

保護者とのきずなと信頼関係を深める保育コミュニケーションスキル

第3章 保育者同士のきずなと信頼関係を深める保育コミュニケーションスキル

序章

人間関係に疲れず，輝く保育者になるために

保育現場における
コミュニケーションの課題

保育の仕事は、実際に入ってみると、当初イメージしていた以上に、子ども・保護者・保育者とのコミュニケーションが重要であることに気がつきます。しかし、コミュニケーションがとれているからといって、保育がうまくいっているとは限りません。なぜなら、相手には相手の思いがあり、背景があり、事情があるからです。

相手との会話がかみ合わなくなって信頼関係が揺らぎ、その結果、情報や仕事を抱え込み、アクシデントやトラブルが生じてしまう。そんな悪循環にはまることも珍しくありません。心に重いリュックを背負いながら、日々の保育をおこなうのは、精神的につらいものです。

子どもや保育への熱い思いをもっている保育者であっても、コミュニケーションがうまくいかないことで「保育者に向いていないのでは」と感じ、保育の職場を後にする人は少なくありません。

人は、社会人として成長するまでの間に、様々な人と出会い、人とのかかわりを通して、多様な人の存在や、様々なコミュニケーションの方法を知ります。そして、互いを受け入れ合いながら度量を広げていきます。しかし近年では、核家族化、地域や親戚とのかかわりの希薄化、ICT（情報通信技術）化など、コミュニケーション力を高めにくくなっています。

そういった影響が保護者・子ども・保育者にも出てきており、互いに意思疎通が図りにくくなっている現状があります。

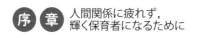

コミュニケーション力を鍛え、しなやかな保育者になる

信頼を集めている保育者の姿を思い描いてみましょう。彼・彼女らは、子ども・保護者・保育者それぞれに寄り添い、気持ちを受け止めながら一緒に前を向いているコミュニケーションの達人といえるでしょう。

かつての保育現場では、達人＝ベテラン保育者とともに保育をおこなうなかで、その後ろ姿に学びながらコミュニケーション力を鍛えていくことができました。しかし、人間関係が希薄になりつつある今、人の心の機微を感じとったり、人とともに喜び合ったりする機会がどんどん減り、一緒に保育をしながらも「気づく」、「学び取る」ことが難しい保育者が増えてきました。

保育者不足の影響もあり、一人ひとりの保育者に求められるものが増え、ゆとりがなかなかもてないという現実もあります。

現代の心理学や相手を認め、相手との双方向のやりとりで、相手の力を引き出し、一緒に仕事をすすめて行くコーチングといったコミュニケーション法のなかには、コミュニケーションを円滑にするためのヒントがたくさんあります。それらを知り、実践してみることで、人の心に寄り添う感覚がわかり、人との信頼関係が築きやすくなります。

コミュニケーションが円滑になると、保育が楽しくなります。人が好きになり、チーム（18ページ参照）に身をゆだね、しなやかな保育ができるようになります。そんな保育者の姿は、保育者への子どもたちの信頼感を育み、子どもが人とかかわることの大切さを学ぶことを助けます。

コミュニケーション力をつけるには日々の積み重ねやチャレンジが大切です。楽しみながらコミュニケーション力を高めて、しなやかな保育者を目指しましょう。

保育が豊かになる 5つの心がけ

くもりのないまなざしで相手と向き合う

―子ども・保護者・保育者……、多様な価値観や背景には理由があり、間違っている人はいません。

自分の心の声に耳を傾ける

―様々な人・ケースが現場にはあり、完璧なマニュアルはありません。その都度立ち止まり、自分に問いかけることで、「答えのない問題」への向き合い方が見つかります。

双方向のやりとりで関係性を一緒につくる

―先入観を手放して「今、この瞬間から」相手と一緒にものごとをつくり出していくと、新しい気づきやアイデアが生まれます。

相手の言葉の奥にある「思い」を聞く

―人はだれもが「願い」をもっています。互いに「願い」を尊重し合うことで、子どもの未来へ向けた対話がしやすくなります。

プロとして自己管理をする

―保育者としてよい仕事ができるためには、体調管理やリフレッシュも必要です。それがよりよい判断・豊かなかかわりにつながります。

保育コミュニケーションを豊かにする考え方　６か条

「自分を知る」「相手を知る」こと

——自分が感じていること・自分に起こっていることに、まずは意識を向けます

当事者意識を大切にする

——相手の意識は変えられないけれど、自分のかかわり方を変えることはできます

違いがあるからこそ幅が広がる

―互いの違いはギフト！
違いのかけ算の豊かさを保育に生かします

思い悩むのは成長の証拠

―成長し、視野が広がったからこそ
課題が見えてきます

自分と相手は違ってあたりまえ

―違うからこそ、「理解し合う」ための
コミュニケーションが必要です

先入観より好奇心

―視野を狭くする先入観を手放し、
できることを増やします

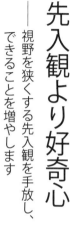

「チーム」について

本書には,「チーム」という言葉が何度も出てきます。ここで言う「チーム」とは，同じ目的を共有する仲間のこと。その意味で，保育の現場には様々なチームがあります。

子どもを含めたクラスでのチーム，園の職員全員でのチーム，子どもにかかわりその未来を支えていく大人という意味で地域も保護者も職員も引っくるめてのチーム。あるいはもっと小さな単位で，複数担任同士のチームや行事の係でつくるチームなど。

本書では，どのチームにおいても共通するコミュニケーションスキルについて解説していきます。

第1章

子どもとの
きずなと信頼関係を深める
保育コミュニケーションスキル

スキル 1
子どもとの
きずなと
信頼関係を
深める

〈すぐに子どもとつながる方法〉

手遊び歌で子どもも保育者もリラックス

歌で、みんなをつなぐ

手遊び歌は、子どもと保育者の心のかけはしになります。新しい子どもとの出会いの場面や、新学期には、**活動の導入としてだけではなく保育のなかにとり入れて楽しみましょう**。

乳児は、くり返しが楽しめて、動きから情景が浮かぶ「パンダうさぎコアラ」「おおきなたいこ」「やまごやいっけん」など、幼児は、速さを変えたり全身を使う「おおきくなったらなんになる」「おべんとうバス」「アブラハムの子」などを喜びます。

保育者がうたい始めると、子どもたちはパッと反応し、気持ちを向けます。**一人ひとりにアイコンタクトをしてうたうと、子どもも笑顔になります。正しくうたうことにとらわれず、子どもの声からアレンジが広がるのを楽しみましょう。**

手遊び歌をうたうことで、保育者自身もリラックスでき、空気がすうっと和らぎます。

子どもとのきずなと信頼関係を深める

スキル 2

子どもが知っている言葉で伝える

〈子どもへの注意のし方〉

どうしてほしいかを具体的に話す

「廊下を走らない」「危険なものに触らない」……保育のなかで子どもに注意すべき場面は、いろいろあります。でも、なかなか伝わらず、「何度言ったらわかるの」「ダメって言ってるでしょ！」と、つい声を上げてしまうこともあるでしょう。

わたしたちが**子どもに注意できるのは、体験から学んできたものがあるから**です。廊下を走ると人にぶつかる、熱いものに触れたら火傷をする。あたりまえのようですが、子どもにはまだその体験がないので、注意を受けてもイメージが湧きません。注意されるほどにイメージが植えつけられ、同じ行為をくり返す場合もあります。

保育者は子どもが想像できる場面を、子どもの知っている言葉を使って、**どうしてほしいかを具体的に伝えることが大切**です。

たとえば、「廊下を走るとお友だちが部屋から出てきたときにびっくりするよ。ぶつかってけがをするかもしれない。だからゆっくり歩こうね」と――。先の見通しがつくように伝えることが大切です。

スキル 3

子どもとのきずなと信頼関係を深める

〈子どもの心のスイッチの見つけ方〉

子どもの表情、声の変化を見逃さない

子どもが集中できる環境をつくる

子どもを「まとめよう」、子どもの気持ちを「のせよう」と思うほどに空まわりをしてしまうことはありませんか。

子ども主体ではなく、「自分のペース」に子どもをもっていこうとしていませんか。

子どもによっては、保育者の声かけに対してすぐに気持ちが切り替えられないこともあります。

子どもの心のスイッチは、子ども自身のなかにあります。そのスイッチを見つけるには、子どもの表情や声の変化を見逃さないことが大切です。目を見開いたとき、動きを止めて自分と対話をしているような表情をしているとき、それがサインです。

わくわくした表情で「わー」「見て見てー」と声をあげたときも心が動いた瞬間です。

子どもの心にスイッチが入ったとき、**保育者はそっと見守り、子どもの気が散らず、集中が続くような環境をつくる**よう意識しましょう。

スキル 4 子どもとのきずなと信頼関係を深める

〈子どもの反応を引き出すには〉

目の前の子どもの今の興味・関心を探る

日頃から子どもが見ているもの、表情が動く瞬間をとらえておく

準備に時間をかけ、張り切って新しい遊びの提案をしてみたものの、子どもが思ったように反応してくれないとがっかりすることもあるでしょう。このような場合は、**保育者の意図と子どもの興味が異なっているのかもしれません**。

保育者は「子どもはこういうものが好き」「これまでの子どもはこうだった」と、経験や先入観から子どもを見てしまうことがあります。**大切なのは今、目の前にいる子どもたち**です。

「この子は何に興味があるのだろう」「この子が今ハマっているものは?」「どんな体験や気づきがあるといいだろう」と、日頃から、子どもが見ているもの、表情が動く瞬間、話す言葉にアンテナを立てていると、保育に役立つ気づきがあります。その**気づきを保育者間で共有**し、保育につなげましょう。

スキル 5

子どもとのきずなと信頼関係を深める

子どもの心が切り替わるタイミングをキャッチする

〈子どもに次の行動を促す方法〉

表情が変わったとき、ふとあたりを見まわしたときに声をかける

片づけや着替え、持ち物の用意等々、保育者が声をかけても子どもが動こうとしないことがあります。「今は何をする時間？」などと言って、急かしてしまうことがあるかもしれません。

ですが、それは大人の都合であり、**子どもには子どもの事情があります**。「今はこれをしていたい」、「ちょうど楽しくなってきた」、「最後までやりたい」、そのような思いを「時間だから」という理由だけで止めたくはありません。

子どもの心が切り替わるタイミングをキャッチして、次の行動につなげていきたいものです。

子どもの姿をよく見ていると、そのタイミングがわかります。何かに没頭していて、**はっと我に返ったかのような表情をするとき。ふとあたりを見まわすとき。それが、そのタイミング**です。

そこで声をかければ子どもも気持ちを切り替えられ、互いに気持ちよく過ごすことができます。

子どもとの
きずなと
信頼関係を
深める

スキル
6

〈保育者の思いを伝えるには〉

「愛情貯金」が増える対話をする

「自分は大切にされている」と感じられる対話で心を通わせる

「話を聞いてほしい」「片づけてほしい」「ごはんを食べてほしい」。集団生活のなかでは、保育者の意図で子どもに働きかけをすることがあります。一方的なかけ声が多いと、子どもと保育者の思いがすれ違い、さらに思いが伝わらなくなります。

子どもと心を通わせるために大切なのは、子どもが「この人と一緒に○○したい」と思える信頼関係です。信頼関係を深めるには、気持ちを分かち合う「きれいだね」、思いに寄り添う「いやだったんだね」、一緒に考える「どうしたらよかったかな」といった何気ないやりとりを積み重ねます。そして、子どもと保育者が互いを尊重し合い、互いの存在を受け入れ、心を通わせていきます。

子どもたちが、**「自分は大切にされている」「尊重されている」と感じられる対話を通して、「愛情貯金」がたまっていく**と、子どもの心にゆとりが生まれます。そして、保育者の言うことに耳を傾けるようになります。

スキル 7

子どもとのきずなと信頼関係を深める

〈「ねばならない」にとらわれない方法〉

子どもと考え、子どもと楽しむ

子どものそうしたい思いを尊重する

保育に見通しをもつために、願いや計画は大切です。でも、**主役は子ども**です。想定とは違った動きや発言・発見が生まれてくるのが、子どものおもしろいところです。

たとえば、造形活動のねらいが「いろいろな色を使って絵を描く」であるとき、保育者はたくさんの色の画材を用意することでしょう。しかし、子どもによっては、自分の好きな色だけを使って絵を描こうとします。

このとき保育者は、**ねらいを一旦横に置き、その子どもにとって何が大事かを考える**ことが必要です。まずは子どもの好きな色で描きたいという思いを尊重すること。そして、子どもが絵を描き切ることに重きを置き、見守ることが大切です。後で調整してもよいのです。

「計画通り」「時間通り」にとらわれると、大事なことを見失います。ここではどうするのがよいのかと自分に問いかけ、**子どもと楽しみながら**保育をつくっていきましょう。

スキル 8 子どもとのきずなと信頼関係を深める

〈保育のあせりからの脱出法〉

忙しいときこそ深呼吸。自分の心を整える

自分のイライラを認め、子どもたちにほほえみかける

忙しい日々のなかで、「子どもたちをまとめなきゃ」「クラスをうまくまわさなきゃ」と焦ることもあるでしょう。ですが、焦って余裕を失いイライラしていると、子どもたちも同調して一緒にイライラします。子どもたちは保育者が大好き！　だからこそ、**保育者の心に大きく影響を受けます**。

焦りを感じているとき、保育者は目の前の子どもやすべきことにとらわれがちです。このようなときは、深呼吸をし、「私、今、イライラしている」と**イライラしている自分の気持ちを認めます**。

そして、ものごとを俯瞰でみる「鳥の目」を意識的に取り入れ、保育で大切にしたいことを考え直してみましょう。たとえば、「今、子どもたちに大切なことはなんだろう」と。

それから**子どもの顔を見て、一人ずつゆっくりほほえみかけましょう**。自分も落ち着き、子どもも安心するので、そこから一緒に考えていくことができます。

スキル 9

子どもとのきずなと信頼関係を深める

〈保育で迷ったときの乗り切り方〉

迷ったときは子どもに聞いてみる

大切なことは子どもが教えてくれる

保育は、正解の見つけにくい世界です。たとえば、子ども同士のけんか。双方に言い分があり、それぞれごもっともという場合、保育者としてどう仲介をしたらよいのかわからず、困ることもあります。

そのようなときは、見ていた**まわりの子どもたちに「何があったの？」と尋ねてみましょう**。本人たちからは出てこなかった話も出てきて、けんかの全体像が見えてきます。そこから、本人たちが自分で気づき、成長することができるよう、双方の気持ちを代弁したり、「交通整理」をするなどサポートをします。

ほかにも、発表会の内容を決めるとき、子どもたちの意見が分かれることがあります。このようなときは、「先生は、こんな発表になるといいなと思っているよ」と理想を伝え、「どうしていこうか？」「こういうときは？」「なるほど、いいね」と声をかけながら、**子どもたちの考えで内容をまとめていきます**。

子どもの個性の数だけ、可能性が広がっていくことでしょう。

スキル 10

子どもとのきずなと信頼関係を深める

〈子どもの見えない力を信じるために〉

長い時間軸で子どもの成長を見守る

子どもはそれぞれのペースで成長している

子どもの成長を願う気持ちがからまわりし、目の前の姿に焦りを感じることがあるかもしれません。

でも、子どもはそれぞれのペースで日々成長しています。**目には見えなくても、子どもの内側にはそのときに必要な気づきや体験が起こっています。**

子どもは、友だちとのかかわりのなかで刺激を受け合い、応援し合いながら育ち合っています。お母さんと離れられなくて毎日泣いて登園していた子も、卒園を迎えるころにはきっと「あんな時期もあったね」と朗らかに振り返ることになるでしょう。保育者は子どもを信じて寄り添いましょう。

園で蒔いた種が大きく花開くのは、とても先のことかもしれませんが、長い時間軸で子どもの成長を見守りたいですね。

Column 1

保育コミュ力UPのための手法「ペーシング」

心の距離を近づけ，思いや伝えたいことを相手に理解してもらうための方法に「ペーシング」があります。

相手と表情を合わせて話を聞いたり，相手の呼吸・言葉・仕草などに合わせていくことで，相手の無意識の部分が「この人は自分に近い」という感覚になります。

例えば，急いで帰ってきた保護者には，保護者の呼吸のテンポで「お帰りなさい。忙しかったですね」と声をかけ，うなずきながら話を聞きます。それから「実は○○についてお話があるんです」と話します。

第一段階	自分から相手の表情・声色・仕草・姿勢・呼吸に合わせる
↓	
第二段階	相手が無意識の部分で「近い」と感じる
↓	
第三段階	安心感を感じ，こちらに心を開く・言葉に耳を傾けやすくなる

保育のなかでも，保護者対応の場面でも，保育者間の共有においても「ペーシング」によって相手の心が開くことで，こちらが本当に伝えたかったことを受け取ってもらいやすくなります。まずは，相手を受け入れ，こちらから寄り添っていくことから，信頼関係の土台づくりを始めていきましょう。

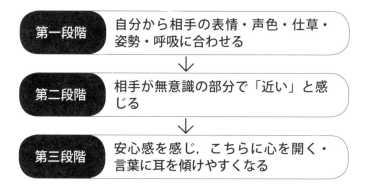

第2章

保護者との
きずなと信頼関係を深める
保育コミュニケーションスキル

スキル 1

保護者との
きずなと
信頼関係を
深める

〈保護者と関係を育む方法〉

保護者は子どもをともに育てるパートナー

子どもをまん中にした「子育てチーム」を意識する

保育を始めて間もない保育者、子育ての経験がない保育者のなかには、「自分は保護者から信頼されているだろうか」と不安や苦手意識をもつ人もいるでしょう。最近は「モンスターペアレント」という言葉もあり、保護者に対して身構えてしまう保育者も少なくないようです。しかし、**保育者の成長を見守り、応援してくれている保護者もたくさんいます**。

保育中には、子どもの成長ドラマがたくさん生まれます。子どもにとってだれよりも大切な存在である**保護者に、そのドラマを伝えることができるのは保育者だけ**です。

園での子どもの姿を伝え合うことで、子どもの育ちを支え合う子育てのパートナーという関係が育まれていきます。二人三脚で歩める関係をつくっていきましょう。

スキル 2
保護者とのきずなと信頼関係を深める

〈信頼される保育者になるために〉

「保護者によく思われたい」意識は捨てる

郵便はがき

料金受取人払郵便

名古屋中局
承　　認

2007

差出有効期間
2021 年 1 月
31 日まで

4 6 0 − 8 7 9 0

4 1 3

名古屋市中区
丸の内三丁目 6 番 27 号
（EBSビル 8 階）

黎明書房 行

購入申込書

●ご注文の書籍はお近くの書店よりお届けいたします。ご希望書店名をご記入の上ご投函ください。（直接小社へご注文の場合は代金引換にてお届けします。1500 円未満のご注文の場合は送料 530 円，1500 円以上 2700 円未満の場合は送料 230 円がかかります。〔税 8％込〕）

（書名）	（定価）　　円	（部数）　　部
（書名）	（定価）　　円	（部数）　　部

ご氏名　　TEL.

ご住所 〒

ご指定書店名（必ずご記入ください。）	取次・番線印	この欄は書店または小社で記入します。
書店住所		

愛読者カード

—

今後の出版企画の参考にいたしたく存じます。ご記入のうえご投函くださいますようお願いいたします。新刊案内などをお送りいたします。

書名	

1. 本書についてのご感想および出版をご希望される著者とテーマ

※上記のご意見を小社の宣伝物に掲載してもよろしいですか？
□ はい　□ 匿名ならよい　□ いいえ

2. 小社のホームページをご覧になったことはありますか？　□ はい　□ いいえ

※ご記入いただいた個人情報は，ご注文いただいた書籍の配送，お支払い確認等の連絡および当社の刊行物のご案内をお送りするために利用し，その目的以外での利用はいたしません。

ふりがな
ご氏名　　年齢　　歳
ご職業　　（男・女）

（〒　　）
ご住所
電　話

ご購入の書店名		ご購読の新聞・雑誌	新聞（　） 雑誌（　）

本書ご購入の動機（番号を○で囲んでください。）
1. 新聞広告を見て（新聞名　）
2. 雑誌広告を見て（雑誌名　）
3. 書評を読んで
4. 人からすすめられて
5. 書店で内容を見て
6. 小社からの案内
7. その他（　）

ご協力ありがとうございました。

保育者が最優先すべきは、保護者ではなく子ども

保護者とよい関係でいたい思いが強くなりすぎて、保護者にものが言えなくなっていませんか？

言わなかったことで子どもの不利益になったり、保護者から、保育者によって言うことが違うと受け取られたり、その結果として保育者同士のチームワークを乱すことにもつながります。

保育者が最優先すべきは子どもです。子どものためには**プロとして保護者に都合の悪いことや耳が痛いことも伝えなければなりません**。相手にとって受け取りにくいことを伝える際、次の流れを意識します。

①例えば、**子どもの成長など、相手にとって意味があること**をまず伝える。②聞く耳が開いてきたところで**保育の意図・願い**を伝える。③**「いかがでしょうか」**と相手に尋ね、対話を通して一緒にできることを見つけていく。

子どものために筋を通した保育をしている保育者のほうが、結果的に信頼されるということを覚えておきましょう。

スキル 3
保護者とのきずなと信頼関係を深める

〈保護者との会話の始め方〉

雑談で心の距離を近づける

雑談にも、様々な情報がつまっている

保護者との会話が苦手だという人もいるでしょう。しかし、**保護者との会話には、保育者にとっての宝がつまっています**。会話のなかから、生活調査票には書かれていないその家族の生活パターンや価値観、子どもとの関係性など様々な情報をくみとることができます。

会話といっても、気負うことはありません。雑談から始めてみましょう。雑談は「木戸に立てかけし衣食住」（94ページ参照）と言い、「気候・道楽・ニュース・旅・天気・家族・健康・仕事・衣服・食事・住まい」を糸口にします。

たとえば、子どもがよく黄色と黒の縞模様のTシャツを着てきたら、「○○さんのご家族は××のファンなんですか？」と声をかけるなど。

心の距離が近づいた保育者には、保護者が素直な悩みを打ち明けやすくなることもあります。雑談を保護者との関係づくりに生かしていきましょう。

スキル 4
保護者との
きずなと
信頼関係を
深める

〈園への信頼を得るには〉

子どもの様子を機会あるごとに伝える

こまめな声かけや掲示、連絡帳、ＩＣＴシステム*をフル活用

「靴下をはけるようになった」「お友だちにやさしい言葉をかけていた」「これまで遠巻きに見ていた遊びに初めてチャレンジしていた」など、保育をしていると、**子どもの様々な成長の節目に出会う**ことができます。園ではあたりまえの姿であっても、**保護者からすると「家とは違った一面」**だということもあります。

送迎時に声をかけたり、園の廊下や保育室に写真やイラストを掲示したり、最近ではＩＣＴシステムを活用して活動の様子をライブで提供することもできます。子どもの様々な表情やエピソードをどんどん保護者と共有していきましょう。

保護者が気づかない子どもの姿を伝えることは、成長の視点や保育者の専門性を知ってもらう機会にもなり、園への信頼が深まります。

子どもにとって最も大切な存在である保護者に、子どものいちばんの理解者になっていただきましょう。

＊ ICT は Information and Communication Technology（情報伝達技術）の略です。
例えば，スマートフォンなどからいつでも園の情報を確認できるようにすることができます。

スキル

5

保護者との
きずなと
信頼関係を
深める

〈保護者とのきずなの深め方〉

保護者と子どもへの喜怒哀楽を分かち合う

「感情」を共有し、子育てチームとしてのきずなを深める

保護者と、「子どもの育ちにまつわる喜怒哀楽を分かち合う」ことを意識して、日々の保育のなかでの感動を共有していきましょう。

たとえば、保育者が

「聞いてください！　〇〇ちゃんは今日、こんなことがあったんですよ、これまでにない意欲を感じてうれしくなりました」

「〇〇ちゃんは今日、年下の子を手伝ってあげていました。やさしい気持ちが育っていると感じました！」

と、**まるで自分のことのように子どものことを伝えたらどうでしょう**。それだけで保護者は、保育者のあたたかいまなざしを感じて、保育者に信頼を寄せるようになるでしょう。

「感情」は、人の心の扉を開ける大切な鍵です。**子どもの育ちにつながるエピソードを共有する**ことで、子育てチームとしてのきずなを深めていきましょう。

スキル 6 保護者とのきずなと信頼関係を深める

〈保護者の本音を知る方法〉

本音は会話の奥に隠れていると心得る

言葉の奥にある思いに耳を傾ける

「絶対にけがをさせないでください」「○○ちゃんと違うクラスにしてください」など、無理難題を言う保護者がいるかもしれません。言葉どおりに受け取ると、なんてワガママで自分勝手な保護者なんだと憤りを感じますが、その奥にあるのは、子どものことが心配でたまらない、という気持ちです。**大切なのは、言葉の奥にある本音**です。

子育てに自信を失っていて「どうしていいかわからない」「助けてほしい」と思っていてもそれを表現することが苦手な人もいます。そのような人ほど、一見、自分勝手な言葉で、こちらにヘルプを求めてくるのです。

保育者は、たとえ保護者の言葉が自分勝手だと感じても、まずその思いにじっくり耳を傾けましょう。

保護者の本音に寄り添うことで、保護者とよりよいコミュニケーションがとれるようになるでしょう。

スキル 7 保護者とのきずなと信頼関係を深める

〈家庭理解を深めるには〉

会話から得た情報を蓄積し、次に生かす

小さな情報も記録し、子ども理解のツールにする

保護者との会話には、子どもの子育てパートナーとして足並みをそろえていくための材料になる、たくさんの情報が含まれています。

たとえば、お迎えに来たお母さんの「昨日、○○公園に行ったんですよ、帰りにおばあちゃんの家に寄って……」という話から、休日の過ごし方や祖父母との関係性などを読み取ることができます。

「もう少しお父さんが子どもを見てくれるといいんだけど」などと、ふと漏らしたひと言に、「そうなんですね」相づちを打ったり、相手の言葉をくり返すなかで、本音や、夫婦の関係性や悩みがうかがい知れることもあります。

こうした**情報は記録し、蓄積していくことで、その子、その家族を理解し、支援を考える手立て**になります。園内で共有し、引き継ぎをしながら、今後に生かしていきましょう。

ただし、記録を外に持ち出さない、園外では個人情報にかかわる話を決してしないなど、情報管理には気をつけてください。

スキル 8
保護者とのきずなと信頼関係を深める

〈価値観が異なる保護者との向き合い方〉

考えが違うからと保護者の意見をシャットアウトしない

相手の視点に立ってみることも必要

「子どものために」と話しても、なかなかわかってもらえない。何度伝えても、取りつく島がない。そのような保護者に、脱力感をもつこともあるでしょう。

でも、自分が「子どものために」と思っていることや、自分にとってのあたりまえや大事にしているものが、ほかの人と同じとは限りません。**価値観が異なれば、見える世界や感じ方が変わってきます。**

以前、降園時にいつも「早く、早く！」と子どもを急かす保護者がいました。保育者は、「もっとやさしく接してあげれば子どもも喜ぶのに」と思っていたのですが、朝はかなり早く家を出て、園までの道のりを散歩しながら登園し、親子の時間を大切にしていることをあとで知りました。

思い込みを捨て、耳を傾けると、思いがけない発見があります。その**発見は、あなたの保育者としての器を広げてくれるはず**です。

スキル 9

保護者とのきずなと信頼関係を深める

〈保護者の真意に気づくには〉

保護者のクレームはリクエストととらえる

「お気持ちはわかります」というニュアンスで受け答えを

　保護者からのクレーム。こちらに非がある場合は反省や謝罪をしますが、子どものためを思って、あるいは園のルールを伝えたことで言われると、理不尽に感じることもあるでしょう。

　そのようなときは、「クレーム＝リクエスト」だと考えましょう。

　実際、**クレームを言う人の心の奥には、別の思いが隠れている**ことがあります。

　「うちの子が写っている写真が少ない！」＝「もっとうちの子に焦点を当ててほしい」ということだったり、「このくらいの熱で電話をかけてこないで」＝「仕事と子育てを両立させる苦労を理解してほしい」ということだったりします。

　「お気持ちはわかります」「それは大変ですね」と**相手の立場や気持ちを理解しようとするスタンスで聞くことで、関係性が和らぐ**ことがあります。そのうえで、思いを伝えてくれたことに感謝し、こちらの意図や大切にしたいことを伝えましょう。

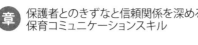

スキル
10
保護者とのきずなと信頼関係を深める

〈機嫌の悪い保護者への対応〉

改善点があれば次につなげて気持ちを切り替える

必要以上に落ち込まず、その日のやりとりを冷静に振り返る

保護者から感情的に怒鳴られたり、いやみを言われたり、不機嫌な態度を示されたりすると、「何か悪いことをしたのかしら」「嫌われているのかしら」と思い悩んでしまうこともあるでしょう。

そのようなときは、**その日のやりとりを冷静に振り返り、改善すべきところが見つかれば次にいかしていくことを考えましょう**。思いあたることがなければ、保護者の虫の居所が悪かっただけかもしれません。

必要以上に自分を責めて、保育に支障を来しては本末転倒です。子どもたちの笑顔のためにも、よい状態で保育ができるようにプロとして気持ちを切り替えます。

気になる保護者については**一人で抱え込まず、主任や園長へ相談することも大切です**。

Column 2

保育コミュ力UPのための長所発見トレーニング

コミュニケーションが取りにくい相手とうまくつき合うコツは，相手の長所に気づき，敬意をもってかかわることです。でも，苦手な相手ほど，よいところを見つけるのがむずかしいですね。

では，どうしたら見つけられるか。

まず，「その人の気になる特性」＝「いやだなと思う部分」に着目します。そして，その特性を反対側から見てみます。すると，それがその人の長所でもあることに気がつきます。

例えば，

細かいことにうるさい	⇔	細かいところにまで気がまわる
無口で何を考えているかわからない	⇔	余計なことは言わない
大雑把でだらしがない	⇔	細かいことは気にせずおおらか

相手のよいところに対する敬意は自ずと相手にも伝わりますから，コミュニケーションはとりやすくなります。ときには口に出して伝え，よりよい関係を築いていきましょう。

第3章

保育者同士の
きずなと信頼関係を深める
保育コミュニケーションスキル

スキル 1 保育者同士のきずなと信頼関係を深める

〈職場の人間関係のつくり方〉

あいさつは全員にする

チームづくりの第一歩はあいさつ

子どもの育ちを支える**保育の現場は、チームワークが大切**です。情報共有・信頼関係の第一歩が、あいさつです。

出会った人すべてと、自分からにこやかにあいさつを交わします。あいさつは会話のきっかけにもなり、たとえば、「子どもたちの間で○○がはやり始めているみたいよ」といった情報共有も生まれます。また、相手の反応から、互いに声かけや協力がしやすくなり、チームで保育をする意識が深まります。

朝は、「おはようございます」。

保育中、来客には「こんにちは」。

お迎え時、保護者には「おかえりなさい」。

帰宅時、保育者間では「お先に失礼します」「お疲れさまです」。

あいさつは信頼関係の入り口になります。一人ひとりの目を見て、感じのよいあいさつを心がけましょう。

スキル 2

保育者同士のきずなと信頼関係を深める

〈チームのよりよい関係を育むには〉

常に連携プレーを意識する

情報は共有・相談し合う

「子どもたちのために、私がなんとかしなくては！」

使命感が強いのは素晴らしいことですが、子どもが一人いれば保育者が二人必要なように、保育の基本はチームです。

「今から給食を取りに行くので、ちょっとここをお願いします」「○○ちゃん少し機嫌が悪いです。もしかしたら体調を崩しているかもしれません。注意して見守りましょう」「○○ちゃんのお母さんからこんな相談を受けたのですが、どうしましょうか」など、**積極的に情報を共有・相談する習慣を**つけましょう。

年長の保育者や上司に協力を得たいときは、「○○していただけますか」「○○をお願いできると助かります」と声をかけると快く耳を傾けてもらえるはずです。

ほかのメンバーに支えてもらい、また自分も貢献することで、保育はスムーズに進みます。保育はチームでおこなうものであることを、常に意識しておきたいものです。

スキル3 保育者同士のきずなと信頼関係を深める

〈チームの連携を強くするには〉

情報は自分からこまめに発信する

気づいたことは言葉に出す

「あれはどうなっていますか?」「もっと早く言ってくれたらよかったのに」……。忙しさに紛れて、情報を自分だけで囲い込んでしまい、伝え損ねたことで行き違いや大きな問題に発展することがあります。

保護者から受けた連絡事項、保育のなかで「こうしたほうがいいな」と気づいたこと、子どもの様子で気になることなど、このくらいは大したことないかなと思うようなことでも**メモをしておき、タイミングを見つけて伝える工夫が必要です**。

自分だけが知っていて、ほかの人の知らないことがあれば、連携がうまく働かなくなることもあります。

子ども同士のちょっとしたトラブルなど、ほかの人から尋ねられる可能性があることや、連携にまつわることなどは、大したことではないと感じても言葉に出す習慣をつけ、自分からこまめに情報を発信していきましょう。

スキル 4 保育者同士のきずなと信頼関係を深める

〈感謝の思いの伝え方〉

その場で言葉で感謝を伝える

「すみません」ではなく「ありがとう」

何かを教えてもらったとき。自分が片づけ損ねたものをだれかが片づけてくれたとき。気づかなかったことを指摘してくれたとき。仕事をかわってくれたとき。手助けしてもらったとき。ささいな行為にも、できればその場で**「ありがとうございました」「助かりました」「勉強になりました」**と、感謝の言葉を伝えましょう。

心のなかで思っていても言葉にしなければ感謝の気持ちは伝わりません。そして、「ありがとう」と言われていやな気持ちになる人はいません。つい「すみません」と口にすることがありますが、それは謝罪と受け取られることもあります。注意しましょう。

その場で言えなかったり、タイミングを逃したりしても、直接、「遅くなりましたが、さっきの○○、ありがとうございました」と伝えることが大切です。

園内に、あなたを応援してくれる人が必ず増えていきます。

スキル 5 保育者同士のきずなと信頼関係を深める

〈保育観の異なる同僚との接し方〉

相手を非難せず、まずは相手を受け入れる

信頼関係を構築することが第一歩

一緒に保育をおこなうなかでの保育観の違いは、保育者を悩ませる要素の一つです。

たとえば、自分は、できるだけ子どもが「自分で」試行錯誤するのを見守りたいと思うのに、相手は子どもの気持ちにかかわらずパパッと着脱を進めてしまう。「待ってあげてください」と伝えても、その人の考え方が変化しない限り、結局は同じことのくり返し……。

その人にも同じ方向を向いてほしいと思うのであれば、**相手を変えようとせず、自分から**「先生は、〇〇ちゃんにどうなってほしいと思っていますか」と穏やかに**声をかけて、相手の考え方に耳を傾けてみましょう**。相手と心を開いて話ができる信頼関係を構築することが第一歩です。

人は、仲間だと感じた人の言葉には素直に耳を傾けることができます。もどかしいときこそ、まずは相手を受け入れることが大切です。その後、**同じ方向へ歩いていけるよう対話を**していきましょう。

スキル 6

保育者同士のきずなと信頼関係を深める

〈本音で話し合える関係のつくり方〉

「わたしはこう思う」とI《アイ》メッセージで発信する

相手の思いも聞き、互いの思いを受け入れ合う

保育者間の関係のあり方が子どもにも影響を与えるのが保育の現場です。人間関係をうまく築こうとするあまり、愛想笑いをしながら、当たり障りのない会話を続けていませんか。

考え方に相違があるときなどに、「あなたのやり方はおかしい」などとＹｏｕ《ユー》メッセージで言うと批判と受け取られ角が立ちます。

このようなときは、「わたしはこう感じています」とＩ《アイ》メッセージで発信し、「あなたはどう感じていますか？」とたずね、**感じていることを互いに受け入れ合うこと**が大切です。

たとえば、「わたしはもう少し保育に子どもの声を取り入れたいと思ってますが、○○さんはどう思いますか？」と、よりよい保育に向けての考えを伝え合うとよいでしょう。

たとえ**意見が異なっていても、目的が「子どものため」であることには変わりありません**。自分の考えに固執せず、互いの考えを出し合うなかでできそうなことを一緒に考えていきましょう。

スキル 7

保育者同士のきずなと信頼関係を深める

〈上司に思いを伝えるには〉

敬意をもち力を貸してほしいというスタンスで

みんなが気持ちよく働けることを目標にする

子どもへの思いがあるからこそ、園長や主任、先輩に対して疑問や不満を感じることがあるかもしれません。

そのようなとき、黙って不満をため込みますか。「ここを変えてほしい！」と意気込んで改善点を申し立てるでしょうか。

黙っていれば自分が辛くなり、意気込んで申し立てれば相手がいやな気持ちになることもあるでしょう。

大切なのは、相手への敬意をもって接することです。そのために、どう伝えるべきかを考えてみましょう。

「〇〇ということがあり、●●と考えているのですが、◎◎さんならどうしますか」「〇〇したいので、力を貸していただけると助かります」。

支援や後押しをお願いするスタンスでアプローチをし、みんなの協力を引き出せるようにしていきましょう。

スキル 8
保育者同士のきずなと信頼関係を深める

〈陰口の多い環境を改善するには〉

悪口の輪からはそっと外れ、「陰ほめ」を心がける

陰口の場に居合わせたら、別の視点から魅力を伝える

「あの人、何か合わないのよね」「私もちょっとやりにくいと思ってた」といった会話から、同僚の陰口に発展することがあります。陰口は負の循環を生み、**陰口のきっかけとなった問題が改善されることはありません**。

何か思うところがあるのなら、「○○してみませんか」「一緒に○○してもらえると助かります」などと、**本人にリクエストや提案として直接伝える**ことが大切です。話してみると、実は本人自身が困っていることだったり、気づいていないことを教えてもらったと感謝されることもあります。

陰口の場に居合わせたときは同調するのではなく、別の視点から「○○さん、こんな素敵なところがありましたよ」とその人の魅力を紹介（陰ほめ）してみましょう。まわりのみんなが多方面から人をとらえ受け入れるきっかけとなり、園内の雰囲気も少しずつよくなっていきます。

保育者同士のきずなと信頼関係を深める

スキル 9

〈苦手な同僚との向き合い方〉

ネガティブな自分の感情をまず受け入れる

不快な感情を認めたうえでコントロールする

子どもや保護者、同僚に対して、「この人、苦手だな」と感じたとき、その感情を抑え込んでいませんか。**抑え込んだ感情は、自分の無意識下に蓄積され、思いも寄らないタイミングで表出**し、相手との関係性を悪くすることがあります。

そうならないために大切なのは、「苦手」という居心地の悪い感情をまずは自分自身で受け入れ行動を選択することです。

「この人が苦手」ということに気づく⇓「だから、避けてしまうのか」と状況を認識する⇓「あんな怖い言い方をされたらびくびくするよね」↓「この感覚を味わってみよう」↓「不快な感じだな」と自分の思いを受け入れる⇓「この感覚を横に置いておこう」と自分に言い聞かせる。

そして、落ち着いたところで「どうなるのが理想だろう」と自分に問いかけ、相手との関係性を見直します。

保育は「感情労働」でもあります。保育者自身が自分の感情とじょうずに向き合っていきましょう。

スキル 10

保育者同士のきずなと信頼関係を深める

〈後輩と関係性を深めていくには〉

一緒に考えることから始める

成長する姿に寄り添いながら、心強い仲間に育てる

かつては「見て盗め」といわれ、先輩から保育を学び、試行錯誤しながらスキルを体得してきました。しかし、家庭や地域社会とのつながりが薄くなり、生活体験が少なくなった若い人たちのなかには、人とかかわることが苦手だったり、こと細かに伝えてもらわないとイメージが湧かずに動けなかったりする人もいます。

このような**社会の変化を、保育の暗黙の了解を見直す機会ととらえ、**後輩と保育を「一緒に考える」ことから始めてみましょう。

「子どもにどうなってほしい？」「自分でできるようになってほしい」、「そのためには、どんなかかわりが大切かな？」「できるところは自分でさせる」、「じゃあ、〇〇ちゃんはどこまでできてる？」……。

あたたかいまなざしで**一つひとつ問いかけながら、一緒に考え、後輩のなかの答えを探して**いきましょう。育成は自己成長の機会でもあります。また、ともに学び合うなかで後輩との関係性が深まり、ゆくゆくは心強い仲間に育ってくれるでしょう。

スキル 11

保育者同士のきずなと信頼関係を深める

リーダーはスーパープレイヤーにならない

〈仕事を任せられる関係のつくり方〉

細かく段階を踏みながら、仕事を手渡す

デキる保育者ほど、自分がやったほうが早い、と様々な仕事を背負い込んでしまいがちです。でも、それは長くは続きません。ストレスがたまり疲弊するうえ、後輩は育たない、という悪循環に陥ります。

リーダーがスーパープレイヤーにならないためには、後輩の到達目標を立て、それに向けた**育成計画を頭のなかで描き**、一学期はここまで、二学期がここまでなどと、**少しずつ仕事を手渡していく**ことが大切です。

たとえば、「気がつかない」後輩には、**第一段階として「見る」ことを目標に**してみます。だれがどこにいるか、何をしているか、何のためにしているか、子どもを「見る」視点を伝え、身につけられるようにします。**第二段階は「気づく」、第三段階は「動く」**ことができる状態を目指しましょう。

後輩には「見られるようになったね」「気づけるようになったね」と言葉をかけ、成長を一緒に喜び合いましょう。

スキル 12

保育者同士のきずなと信頼関係を深める

〈後輩からの相談への向き合い方〉

思いを受け止めてから背中を押す

一緒に本人の考えを整理する

後輩から「相談があるんです」ともちかけられたとき、一生懸命考えて答えても、思うような反応が返ってこないことがあります。このような場合、後輩は、おそらく自分で答えをもっています。けれどもその**答えに自信がないため、背中を押してほしい**のです。

たとえば、「フリーの先生にどこまでお願いしていいのでしょうか」といった相談を受けたとき。「本当はどうなったらいいと思っているの？」と話を聞き、目指す状態を一緒に認識したうえで、「では、どうしようか？」と本人の考えを整理する手伝いをしてみてください。

よいと思ったことは「いいと思うよ、やってみたら」と応援します。気になる点があれば、思いを受け止める言葉をかけたうえで、「○○について、どうしていくのがいいかな」と一緒に考えます。本人の整理ができたら、「○○をしていただけますか？　とお願いしてみたら」と提案してみてもよいかもしれません。

後輩に寄り添い、思いを後押しする味方でいましょう。

保育者同士のきずなと信頼関係を深める

スキル 13

〈チーム体制を改善するには〉

チームの人間関係を「システム図」で見える化する

理想形をイメージして、自分でできることを見つける

価値観の違いで対立したり、やり方やペースが異なり、保育がギクシャクすることもあるでしょう。

このようなとき、子どもにとって理想的な保育がおこなえる体制を「システム図」に書いて整理し、自分がどうかかわったらよいかをさぐってみましょう。見える化することで、課題・改善点が明確になります。

まず、子どもを中心に、だれがどこを見ているか、だれとだれがつながっているか、だれとだれが対立しているか、**関係性や雰囲気を図に表してみます。**

それから、「理想」の状態を図に表し、そこへ向けて自分にどんな工夫ができるか考え、行動していきましょう。それはチームへの貢献になります。

<理想>

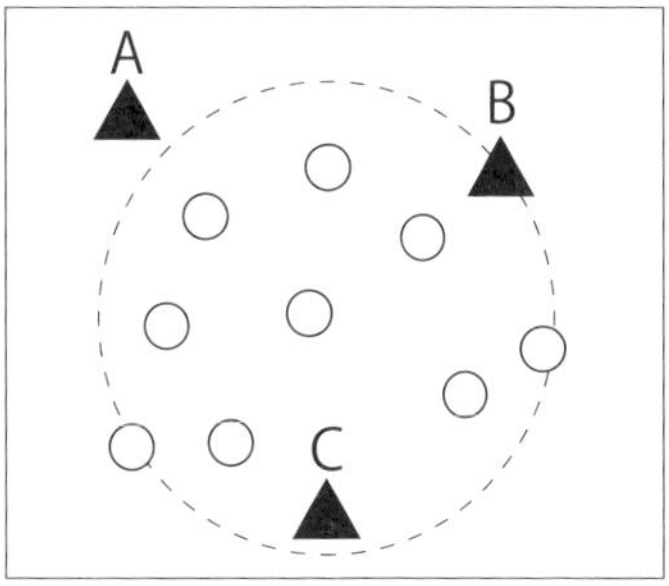

A先生，B先生，C先生がみんなで一緒に子どもを見ている。

<現状>

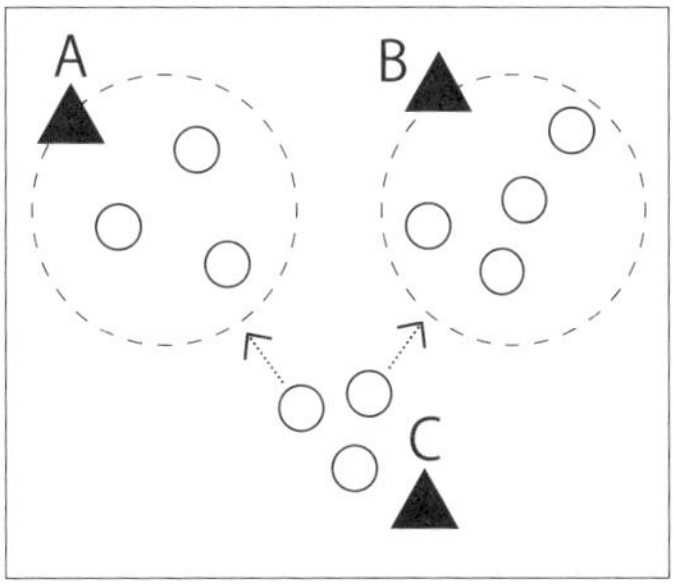

A先生，B先生はそれぞれの保育をしており，C先生はオロオロしている。

○子ども
▲保育者
<…意識の向き

スキル 14

保育者同士のきずなと信頼関係を深める

〈互いに向上し合える関係をつくるには〉

自分にできることから実践する

自分が変われば、まわりも変わる

なかなか思いが伝わらない後輩、他園での経験からこちらのやり方に従ってくれない同僚、なぜか批判してくる先輩など。チームでおこなう保育という仕事は、人間関係がむずかしい側面もあります。

ですが、実は、他人が変わってくれることを期待するよりも、**自分ができる工夫を見つけるほうが現実的**です。今、気になっていること――たとえば、クラス内の環境づくりが気になっているなら、環境づくりについて、本や研修会などで勉強し、一つひとつ自ら実践してみます。

まわりに期待するのではなく、まずはあなたから始めるのです。試行錯誤するなかで様々なことに気づき理解が深まり、自己成長につながります。

よりよい保育を目指して、**コツコツと実践している姿によって子どもが変わり、その様子を見て、だれかが後に続くはずです**。小さな一歩が豊かな保育へとつながります。

Column 3

保育コミュ力UPのための客観視トレーニング

担任同士の連携がうまくいかないと，保育がバタバタします。当然，子どもたちも落ち着きません。とはいえ，突然話し合いをもちかけたり，一方的に何かを要求すれば，解決するどころか，かえって関係が悪くなることもあります。

では，どうすればよいのか。

まずは，自分が現状にとらわれず，本当に望む保育をビジョンとして思い描きましょう。客観視するために，紙に書いて整理します。

①ビジョン
・子どもたちの状態
・子ども，保育者の表情は
・保育者の関係性は
・何を大切にしているか

②現状
・子どもたちの状態
・子ども，保育者の表情は
・保育者の関係性は
・何を大切にしているか

客観的に現状を整理したうえで，担任同士での話し合いをもちかけます。客観性をもって「鳥の目」で全体をとらえ，話を進めていくのがポイントです。

③課題
・理想の状況に近づくためのステップ，課題は？
・そのためにはどうしたらいいか

保育者それぞれに見えているビジョン，現状を整理し，目標や取り組むべき課題が共通認識されることで，連携は進んでいくはずです。

客観視トレーニング◆整理シート

①ビジョン〈理想の状況を思い描く〉

【記入例】
・自分の好きな遊びに集中し，活動が発展していく。
・保育者の役割が明確で，臨機応変に対応ができる。

・
・
・
・

③課題〈解決のプロセスを考える〉

【記入例】
・大人の都合ではなく，子どもの興味・関心から保育をおこなう。
・アイコンタクトや日々の対話を大切にする。

・
・
・
・

②現状〈今，どういう状況か客観視する〉

【記入例】
・子どもたちが落ち着かず，保育がスムーズに進まない。
・保育者が大きな声を上げることが多い。

・
・
・
・

参考：ロバート・フリッツの緊張構造／『自意識（アイデンティティ）と創り出す思考』（ロバート・フリッツ他著，Evolving）

Column 4

保育コミュ力UPのための雑談トレーニング

コミュニケーションの第一歩は「雑談」。まずは相手に関心をもち、相手についての話題から始めましょう。テーマに困ったら「木戸に立てかけし衣食住（気候・道楽・ニュース・旅・天気・家族・健康・仕事・衣服・食事・住まい）」を糸口にしようとお伝えしました（47 ページ）。

ここでは，各項目の具体的な話題例をご紹介します。

木《き》 気候や季節の話

「梅の花が咲き始めましたね。もう春ですね」

戸《ど》 道楽（趣味）の話

「○○さん、音楽がお好きなんですね。どんなジャンルをお聞きになるんですか？」

に ニュースの話（相手が興味をもっているジャンルで）

「○○選手が金メダル、取りましたね！」

立《た》 旅の話

「夏休みにご家族で沖縄へいらっしゃったんですね。いかがでしたか？」

て 天気の話

「梅雨なのに、今年は雨が少ないですね」

か
家族の話
「おばあちゃんは秋田県の方なんですね。お家になまはげの鬼の面があったりしますか？」

け
健康の話
「最近、健康のために、朝、ウォーキングを始めました」

し
仕事の話
「配達のお仕事は、暑い日大変ですね」

衣
ファッションの話
「そのセーター、きれいな色ですね！」

食
食べ物の話
「駅の近くに、○○ちゃんの好きな和菓子のお店がありますね。行ったことありますか？」

住
住まいの話
「おうちの近くに有名な○○公園がありますね。お休みの日はにぎわいますか？」

著　者　松原美里

保育コミュニケーション協会代表，保育士

北海道網走市生まれ，横浜女子短期大学を卒業後，横浜市の保育園，川崎市の児童養護施設に勤務。認定こども園保育園部施設長を経て，現在は静岡を拠点に全国で活動。 コーチング・心理学・NLP・システム思考等を学び，資格も取得。保護者向けの子育て支援講座，新人・中堅の保育士向けのコミュニケーション研修，管理者向けのマネジメント研修を提供し，「参加者が主役」「笑顔あふれるワーク」が好評を博す。「子どものために大人が輝く背中を見せる」をモットーに，オンラインサロン，園内ファシリテーター・認定講師の育成も行っている。

Special Thanks

CTI ジャパン・竹林一氏・中島崇学氏・本間正人先生・本間直人先生・田村洋一氏・山田博氏・鮎川潤裕子氏・汐見稔幸先生・新保庄三先生・北山茂氏

参考書籍

『コーチング・バイブル－本質的な変化を呼び起こすコミュニケーション』（ヘンリー・キムジーハウス，キャレン・キムジーハウス，フィル・サンダール著／ CTI ジャパン翻訳，東洋経済新報社）

『実務入門 NLP の基本がわかる本』(山崎啓支著，日本能率協会マネジメントセンター)

『組織の「当たり前」を変える』（田村洋一著，ファーストプレス）

イ　ラ　ス　ト　かまたいくよ

装丁・デザイン　ベラビスタスタジオ

編　　　　集　こんぺいとぷらねっと

輝《かがや》く保育者《ほいくしゃ》のコミュニケーションスキル34

2019 年 7 月 20 日　初版発行

著　者　松《まつ》 原《ばら》 美《み》 里《さと》

発行者　武 馬 久仁裕

印　刷　株式会社 太洋社

製　本　株式会社 太洋社

発 行 所　株式会社　黎《れい》 明《めい》 書《しょ》 房《ぼう》

〒460-0002　名古屋市中区丸の内 3-6-27　EBS ビル　☎ 052-962-3045

FAX 052-951-9065　振替・00880-1-59001

〒101-0047　東京連絡所・千代田区内神田 1-4-9　松苗ビル 4 階

☎ 03-3268-3470

落丁本・乱丁本はお取替します。　ISBN978-4-654-06103-7